Ingo und Solvey Resch

Biblische Geschichte in Bildern und Reimen

Gewidmet unseren Enkelkindern,
für die der Text ursprünglich gedacht war.

Bibliografische Information der Deutschen Nationalbibliothek
Die Deutsche Nationalbibliothek verzeichnet diese Publikation in der Deutschen Nationalbibliografie; detaillierte bibliografische Daten sind im Internet über http://dnb.dnb.de abrufbar.

Impressum

2. Auflage 2015

Maria-Eich-Straße 77, 82166 Gräfelfing

Titelbild: Jesus beruft Petrus von Lorenzo Veneziano
[vor 1356 - nach 1378], bpk / Gemäldegalerie, SMB / Jörg P. Anders
Lektorat: Christina Brock M.A. München
Gesamtgestaltung: Georg Lehmacher Friedberg
Druck: G. Peschke Druckerei GmbH, München
Printed in Germany

ISBN 978-3-935197-70-0

INGO UND SOLVEY RESCH

Biblische Geschichte in Bildern und Reimen

Für Jung und Alt

Gott ist den meisten unbekannt,
Obwohl Er diese Welt erfand.
Doch können wir Ihn gut erkennen,
Wenn staunend wir Sein Werk benennen.

Die Sonne geht ganz pünktlich auf,
Bestimmt den Tag- und Nachtablauf.
Die Blumen blühn zur Frühjahrszeit.
Im Winter hält Er Schnee bereit.
Und Tiere gibt's in großer Zahl
Vom Vogel bis zum großen Wal.

Am Schluss erschuf Er Menschenkinder,
Sie warn bei Gott und keine Sünder.
Sie können hören, reden, denken
Und so ihr Leben selber lenken.
So können sie auch selbst entscheiden,
Welch Pfad sie lieber wollen meiden.
Gott stellt es ihnen auch anheim,
Ohn' Ihn zu gehen, ganz allein.

Sie liefen frei in Seinem Garten,
Gemeinsam auf Sein Kommen harrten.
Doch schlich in jenen Garten rein
Ein *Schlangentier*, das war gemein.
Es sagte: „Iss von diesem Baum,
Dann wirst du klug, du glaubst es kaum.
Du wirst wie Gott und brauchst ihn nicht.
Du bist dir selbst ein göttlich Licht."

Die *Eva* stimmte all dies heiter,
Sie sagte es dem Adam weiter.
Der *Adam* sprach: „Das klingt sehr gut" –
Und aß mit Eva frohgemut.

Doch flugs da fürchtete er sich,
Weil Gott ihn rief: „Versteck dich nicht,
Und sag, was hast du da gegessen,
Hast du denn ganz *Mein Wort* vergessen?
Dass jede Frucht sei deine Speise;
Doch möchtest bleiben du sehr weise,

Dann achte, was dein Schöpfer spricht,
Was gut für dich ist und was nicht.
Dann wirst du ewig mit Mir leben,
Dann stehst du unter Meinem Segen,
Im andern Falle bist du tot,
Wenn du missachtest *Mein Gebot.*
Und dies Gebot, das lautet klar:
Ich sage dir, was gut und wahr.
Doch wenn du diese Frucht willst essen,
Wirst du Mein Wort sehr schnell vergessen."

So trennte Adam sich von Gott
Und war allein in großer Not.
Mit Mühsal musste er nun ackern,
Den lieben langen Tag nur rackern.

Sohn *Kain* schlug seinen Bruder tot,
Weil Gott ihm nicht die Gunst anbot,
Die Abel von dem Herrn bekam,
Als er das Opfer sich ersann.

Und hier begann der Menschheitsstreit.
Was heißt denn nur *Gerechtigkeit?*
Sind selber wir nur Maß und Ziel,
Indes der Glaube zählt nicht viel?
Entscheidend ist nicht, was man kriegt,
Bei Gott zählt nur, wie viel man liebt.

Denn Gott erhielt das Herz von Abel
Und nicht von Kain, darum der Tadel.
Der fühlte sich deshalb entehrt
Und handelt folglich ganz verkehrt.
So sehen wir den Kain als Luder,
Weil der getötet seinen Bruder,
Doch zeigte Gott in jenen Tagen,
Dass niemand soll den Kain erschlagen.
Jetzt können wir daraus ersehen,
Dass Gott gibt *Gnade* trotz Vergehen.

Die Bosheit war nun in der Welt,
Auch wenn sie Gott zusammenhält.

Die Menschen trieben's immer schlimmer,
Sie sah'n auf sich, auf Gott dann nimmer.
Nur *Noah* war ein frommer Mann,
Durch Gottes Geist er dann ersann,
Ein großes Schiff für sich zu bauen.
Die Nachbarn taten ziemlich staunen,
Denn auf dem Land, ohn' See und Meer
Da macht ein *Schiff* nicht sehr viel her.

Doch eines Tags ließ Gott es regnen;
Nur jenen Noah wollt' Er segnen,
Der packte in sein großes Boot
Nicht nur viel Futter und auch Brot,
Nein, Frau und Kinder und viel Tiere,
Verschloss ganz dicht des Bootes Türe.
Und als das Wasser stieg und stieg,
Das Leben in der *Arche* blieb.

Das Wasser aber, sonst ein Segen,
Erstickt die Sünd' im Sintflutregen.

Da Noah war für Gott bereit,
So endete die *Sintflutzeit.*
Der Regen hörte endlich auf,
Es regte sich des Lebens Lauf.

Und eines Tages sank herab
Die Arche auf den *Ararat.*

Doch leider ging's dann munter weiter,
Auch Noah fand es ziemlich heiter,
Zu tun, was seinem Gott missfiel:
Er trank vom Wein ganz gern und viel.
Kurzum, der Mensch braucht keinen Gott,
Doch ist am End dann jeder tot.

Und als der Mensch die Höh' erklomm
Mit jenem *Turm zu Babylon*
Und meinte dann, das Himmelsreich
Sei so wie er und damit gleich,
Gab's kein Verstehn der Menschen mehr,
Seitdem läuft vieles nur verquer.

Denn Leben hat nur Gott geschaffen,
Und ohne Gott gäb's nicht mal Affen.
Es gäb kein Baum und keine Sonne.
Sie sollen spenden Freud und Wonne.

So sagte Er zu einem Mann,
Er nannte ihn dann *Abraham*:
„Zieh weg von deines Vaters Haus,
Geh fort und zieh ins Land hinaus,
Das Ich will dir dann ewig geben,
Dort sollst du wohnen und auch leben.

Aus dir ein *großes Volk* entstehe,
Das dann im Bunde mit Mir gehe.
So glaube nur, was Ich dir sage,
Und stell es keinesfalls infrage.
Das Volk wird zahlreich wie die Sterne."
Der Abram hörte dies sehr gerne.

So folgte er, wie ihm befohlen,
Und machte sich dann auf die Sohlen,

Nur seine Frau gebar kein Kind –
Kein Volk, wo keine Kinder sind.
So trauten sie dem Worte nicht,
Das Gott zu ihnen täglich spricht.

Und *Sarah*, Abrams Weib und Frau,
Die fand sich ganz besonders schlau,
Sie dachte, meine Magd ist mein;
Ein Kind von ihr, das könnt es sein,
Wenn sie gebiert an meiner statt,
Denn ich bin hundert und schon matt.

So kam der Knabe *Ismael*,
Doch blickte Hagar dann ganz scheel
Herab auf Sarah ohne Kind –
So hässlich viele Menschen sind.
Oft wird der Mensch dann schnell gemein,
Wenn er nur sieht sich selbst allein.
So musste dann die Hagar gehen,
Doch Gottes Segen blieb bestehen,
Denn alles, was uns hier bekannt,
Ist letzten Ends aus Gottes Hand.

So machte Gott dann schließlich wahr,
Dass Sarah auch ein Kind gebar.
S'ward *Isaak* genannt von Leuten,
„Es lächelt Gott", soll das bedeuten.

Und dessen Sohn ein Schlitzohr war,
Den ihm Rebekka dann gebar.
Er war so scharf auf *Gottes Segen,*
Dass er erwarb auf schlauen Wegen
Vom ältren Bruder dieses Recht.
Um diesen stand es daher schlecht.
Vom Jagen hungrig heimgekommen,
War nur aufs Essen er gesonnen:
Dem *Esau* war der Segen Schnuppe,
Er war begierig auf die Suppe.
So ging durch einen Teller Linsen
Des Esaus Zukunft in die Binsen.

Doch *Jakob* setzte alles ein,
Zu kriegen jenen Segensschein,

Drum schenkte Gott dem Jakob schnell
Den neuen Namen *Israel*.
Das heißt, er „ringt mit Gott und Welt“,
Weil nur der Segen für ihn zählt.

Zwölf Söhne dann der Jakob zeugte,
Nachdem er tief vor Gott sich beugte.
Es zeigte nun sich ein Problem:
Sohn Josef war besonders schön.
Auch träumte er von Gott und sich.
Drum *Eifersucht* die elf beschlich,
Weil ihnen diese Gunst verwehrt,
Und Jakob diesen Sohn verehrt.

So sannen sie in ihrer Not:
Der Josef sei ganz einfach tot.
In Wahrheit doch verkauften sie
Ihn nach Ägypten wie ein Vieh.

Dort prüfte Gott den *Josef* schwer.
Er hatte keine Freiheit mehr.

Im Kerker lag er lange Zeit,
Doch Gott hat ihn am Schluss befreit.

Dem *Pharao* träumt in der Nacht,
Lang hat er drüber nachgedacht,
Von fetten und von magren Kühn,
Am Nil entlang sie ruhig ziehn.

Und niemand konnte dieses deuten,
Auch nicht von des Palastes Leuten.
Doch einer meinte, hinter Gittern
Sitzt *Josef*, der kann gut erwittern
Des Traumes eigentlichen Sinn.
So schickte man zu Josef hin.

Der Josef sagt dem Pharao:
„In Zukunft kommt's genau dann so:
Im ganzen großen weiten Land
Wird eine *Hungersnot* bekannt.
Drum sammle jetzt sehr viel Getreide,
Damit dann niemand Hunger leide."

Regieren durfte Josef dann,
Ein Wunder, das man nie ersann.
Und in der Tat erfüllte sich
Des Traumes Bild ganz fürchterlich.

In Ägypten war man reichlich satt,
Doch anderswo vor Hunger matt.

So schickte Jakob seine Sippe
Nach Ägypten mit der einzgen Bitte
Um Getreidefrucht für frisches *Brot*,
Zu helfen aus der ärgsten Not.

Und als sie warn in diesem Land,
Von Josef wurden sie erkannt,
Nur sie erkannten Josef nicht,
Des Bruders altbekannt Gesicht,
Weil er in echt ägyptisch Tracht,
Sich eine Prüfung ausgedacht.
Sie sollten bringen Benjamin
Zu diesem fremden Fürsten hin.

Der *Benjamin* war jung und klein,
Des Jakobs größter Sonnenschein.
Zwar war die Not sehr groß und schwer,
Doch brachten sie den Bruder her,
Den Jüngsten von des Jakobs Söhnen.
Auf ihm lag Jakobs ganzes Sehnen.

Den Brüdern Josef dann erzählt,
Wie Gott ihn hatte auserwählt.

Die Brüder packte das Erstaunen
Und *Reue* folgte ihren Launen.
Aus Neid den Bruder zu verkaufen,
Bedeutet leider, weit zu laufen.

Doch eines Tages lebte dann
Der Jakob mit Familienclan
Entlang des Niles grünen Auen,
Um dort das Volk nun aufzubauen.

Der Pharao war längst schon tot,
Ein neuer trug das Reichskleinod.
Das Jakobsvolk ward groß und stark,
Das sorgte die Ägypter arg.
So mussten die *Hebräer* schuften
Und durften sich auch nicht verduften.
Die sich bisher in Freiheit wussten,
Nun *Sklavenarbeit* leisten mussten.
Die Söhne wurden umgebracht,
Es ward getötet Nacht um Nacht.

Nur einer wurde dann gerettet,
Die Mutter hatte ihn gebettet
In einen kleinen Korb als Boot
Im Schilf des Nil aus purer Not.

Am Nil die Königstochter stand
Und prompt das kleine Körblein fand.
Und *Moses* hieß seit jener Zeit
Der Knabe, denn er war befreit,

Gezogen aus dem breiten Nil,
Was auch dem Herrgott gut gefiel.
Denn endlich hatte Er den Mann,
Mit dem die Heimkehr nun begann.

Der Mose fand sich nicht für gut,
Doch schließlich fasste er dann Mut:
Er ging zum Pharao und fragt,
„So lass uns frei für ein paar Tag,
Wir wollen unsern *Gott lobpreisen,*
Er soll auch Gnade dir erweisen."

Des Herrschers Herz war hart wie Stein,
Des Mose Volk sollt' frei nicht sein.
Der Pharao als *mächtger Mann*
Jedoch nicht alles selber kann.

So sandte Gott zehn harte *Plagen,*
Der Pharao sollt' Ja nur sagen.
Doch jener blieb bei seinem Nein,
Da mischte Gott sich kräftig ein:

1931 Marc Chagall

Die Neugebornen waren tot,
Ägypten war in großer Not.

Der Pharao war sehr betreten.
Die Juden wollten Gott anbeten,
So ließ er sie dann ziehen fort
An einen fernen *Wüstenort.*

Doch dachte er in seiner List,
Das Völkchen mir doch nützlich ist.
Bevor es uns dann ganz entweicht,
Mit Pferden sei es schnell erreicht.

Nur schluckte dann das Rote Meer
Dem Pharao sein ganzes Heer.
Davor ging Mose trocken durch,
Er traute Gott, war ohne Furcht.

Doch nun begann die *Jammerei,*
Hier gab's kein Fleisch, kein Brot, kein Ei.

Auch Wasser wurde äußerst knapp.
Das Volk der Juden machte schlapp.

Sie murrten, klagten Mose an,
Was bist du für ein grausam Mann,
Wir hatten Fleisch in großer Menge …
Die Wüste zog sich in die Länge.

Der Mose schrie zu Gott um *Brot.*
Das Manna kam in größter Not.
Auch wollten seine Leute trinken,
Und nicht vor Durst ins Elend sinken.
Aus einem Fels das *Wasser* kam,
Nachdem der Mose rührt' ihn an.

Da meinte Gott, Ich will euch geben
Gebote, die euch helfen leben.

Mit Wasser und auch Brot allein
Tritt niemand in das Leben ein.

Selbst wenn der Körper fühlt sich stark,
Geht's unsrer Seele manchmal arg.
So sollen wir auch nie vergessen
Die Liebe Gottes, selbst beim Essen.

Und Mose stieg hinauf zum Berg.
Sein Volk glaubt nur an *eignes Werk,*
Sie machten sich ein golden Kalb.
Der Mose war hoch auf der Alp.
Sie tanzten um das *Kalb* im Kreis,
Der Mose davon gar nichts weiß.
Sie schwelgten zügellos in Lust,
Auf Mose kam ein großer Frust.

Als er das *Unheil* kaum gesehen,
Da war es schon um sie geschehen.
Die Strafe folgte auf dem Fuß,
Wer mitgemacht, auch sterben muss.

Noch einmal gab ihm *Gott Gebote.*
Der Mose war ein treuer Bote.
Und die Gebote lehren jeden:
Lass schließlich auch den andern leben.
Und gebe Gott die nötge Ehr,
Dass Er den Segen nicht verwehr.

Bald vierzig Jahre lief wie dumm,
Das Volk in dieser Wüste rum.
Doch von dem Berge Nebo dann
Man einen schönen Blick gewann
Auf das gelobte Heimatland.
Seit Abraham war's gut bekannt.

Der Mose war nun leider tot,
Das Volk dann mit *Josua* zog
In das gelobte Heilge Land,
Als *Kanaan* war es bekannt.

Dort lebten Leut' mit schrecklich Sitten,
Die pflegten grauenvolle Riten
In Tempeln und auf Bergeshöhn.
Das wollte Gott nicht länger sehn.
Das Land, es sollte rein nun werden,
Vorbei des Wanderns hart Beschwerden.
Jetzt erntet man der Früchte viel
Und Milch wie Honig mit dem Ziel,
Als Volk in *Gottes Bund* zu sein.
Für sie war König Gott allein.

Es herrschten bei den Juden Richter,
Die war'n jedoch nichts mehr als Schlichter.
Ein *eigner König* musste her,
Nur Gott allein, das ging nicht mehr.

In Seiner großen Duldsamkeit
War Gott auch dazu dann bereit.
Der erste *König Saul* versagte,
Weil er nach Gottes Ehr nicht fragte.
Der zweite König jung und schön
War wirklich prächtig anzusehn.

Er harrt' auf Gott und setzte matt
Den großen, starken Goliath.
Nur hatte er auch *viele Schwächen,*
Er wollte sich blutrünstig rächen.
So kämpfte er mit den Philistern
Und wollte ihnen Angst einflüstern.
Er nahm des Feldherrn eignes Weib
Mal grade so zum Zeitvertreib.
Schließlich *reut' ihn* alles sehr,
Sein Herz ward traurig und sehr schwer.
So nahm ihn Gott als König an,
Mit ihm die Dynastie begann.

Auf *Davids* ehrenvollen Thron
Wollt Gott mal setzen Seinen *Sohn.*
Die Dynastie sollt' lange währen,
Doch kamen immer mehr Beschwerden.

Im Königreiche Israel
Da wirkte stark die *Isebel.*

Sie war des Königs Ahab Frau
Und wusste eigentlich genau,
Dass Abraham schon Gott vertraute,
Und dennoch sie Altäre baute,
Für einen Götzen namens *Baal*,
Was Gott nicht mochte alle Mal.
So sandte Gott Elia hin,
Zu mahnen, was des Glaubens Sinn:
Dass wir nur Gott allein vertrau'n
Und keine heidnisch Götzen bau'n.
Doch Isebel, die hörte nicht,
Was Gott durch den *Elia* spricht.

Gott zog sodann zurück den Segen:
Es gab nur Hitze, keinen Regen.
Das Land in *Trockenheit* erstarrte,
Doch Isebel auf Baal nur harrte.
Und ihre Priester schrien zu Baal,
Doch regnet es kein einzig Mal.
Ihr Opferstock verfing kein Feuer,
Dem Ahab wurd' es ungeheuer.

Doch als Elia Gott anrief,
Trotz Wasser, das vom Opfer trief,
Da brannte es von ganz allein,
Und bald stellt sich auch *Regen* ein.
Getötet hat Elia dann
Den ganzen Baal'schen Priesterclan.
Nur kam er selbst in größte Not,
Weil Isebel ihm Strafe droht.
Die Angst, *Verzagtheit* packte ihn.
So zog in öde Wüst' er hin,
Weil keiner würde Gott mehr preisen.
Doch Gott wollt' den Elia weisen,
Elischa sei der neu' Prophet,
Der wirke *Wunder im Gebet.*

Gott gab die Weisung nicht im Beben,
Nicht Sturm und Feuer soll'n sie geben.
Um Seine Wahrheit zu verkünden,
Lässt Er im *Windhauch* sich nur finden.

Bald war das alles ganz vergessen,
Die Könige warn sehr versessen

PISAN

Doch dann verstummten die Propheten,
Die Israel so nahelegten,
An *Gottes Wort* sich stets zu halten,
Zu Achten auf sein weises Walten.

Es trat dann eine Pause ein,
Man fühlte sich selbst fromm und rein.
In dieser selbstgerechten Zeit
Das Römerheer stand schon bereit.
Das Land wurd' Teil vom Römerreich.
Vielleicht kommt der *Messias* gleich?
Er soll die Römer dann verjagen.
Es sollte auch in jenen Tagen
Das ewig Reich von David kommen.
Dies glaubten nicht nur die ganz Frommen,
So *hoffte* jetzt ganz Israel.
Doch geht Geschichte nicht so schnell.

Das zeigt auch die Vergangenheit,
Wo Gott war stets für uns bereit.
Der Mensch verstrickt war in die Sünde,
Drum bot ihm Gott *verschiedne Bünde.*

Zuerst mit Noah, dass er *ernte*,
Wenn er das Säen richtig lernte,
Dann, dass ein großes *Volk* entstehe,
Was einst das Heilge Land auch sehe.
Drum Abram zog in fremdes *Land*,
Für ihn noch völlig unbekannt.
Mit Mose schloss Er einen Bund
Und tat die *Zehn Gebote* kund.
Doch alles das hat nichts genützt,
Der Mensch hat seine Pflicht verschwitzt.

Vergaß ganz einfach seinen Gott,
Macht selbst sich ein bequem Gebot.
Und mag es einen Gott auch geben,
So woll'n allein wir ruhig leben.

Der Mensch ist also hart gesotten,
Sollt' Gott den Menschen ganz ausrotten?
Sollt' Er ihm seine *Freiheit* nehmen?
Und sich für ihn nur ständig schämen?

Exo: xx: cap
Hoort toe Israel
I
Ghy en sult geen ander Goden beneven my hebben
II
Ghy en sult u geen beelde
III
Ghy en sult den naeme
IIII
Ghedenckt des Sabbathdach
Devt: v: cap
V
Ghy sult u vader
VI
Ghy en sult niet dooden
VII
Ghy en sult niet Echtbrekẽ
VIII
Ghy en sult niet stelen
IX
Ghy en sult geen valsche ghetuy ghenisse sprekẽ tegen uwẽ naeste
X
Ghy en sult niet begeere
Somma vande gheheele Weth Gods
S: matt: 22 cap

So wählte Gott den Weg der Liebe,
Damit der Mensch das Heil nun kriege.
Es ist das *Neue Testament*,
Ihr es mit Namen Jesus kennt.

Er selbst wurd' dann das *Opferlamm*,
Mit Ihm ein *neu Gebot* begann.
Dies bleibt im Äußeren nicht stehen,
Es soll in unsre Herzen gehen.

So wurde Gott als Mensch geboren.
Und hat Maria auserkoren,
Den *Menschensohn* in sich zu tragen.
Gott wollte etwas Neues wagen,
Indem Er selbst der Vater war.
Durch Seinen Geist sie Ihn gebar.

Als nun *Herodes* dies erfuhr,
Erließ aus *Angst* er einen Schwur,
Dass alle neugeborenen Knaben,
Zu töten sind in jenen Tagen.

Ein Engel mahnt Mariens Mann,
Zu fliehen nach Ägypten dann.

Gott kam als Kind in diese Welt,
Er seine Macht verborgen hält.
Denn *Liebe* heißt, sich selbst hingeben,
In diesem Opfer liegt der Segen.
Gott wirkt auch nie durch roh' Gewalt,
Im Schwachen nimmt an Er Gestalt.

Als später war der König tot,
Sich Nazareth als Heimat bot.
Dort wuchs der Knabe *Jesus* auf,
Begann den heilig Lebenslauf.

Johannes[1] noch im alten Bund
Tat es dem ganzen Volke kund,
Dass der Messias kommen ist,
Von dem man bei Jesaja liest.

[1] Johannes, der Täufer, der letzte Prophet des Alten Bundes, der durch König Herodes enthauptet wurde.

Er taufte Ihn im Jordanfluss,
Weil jeder Christ *getauft* sein muss.

Dadurch sind wir mit Gott vereinigt,
Weil ein für alle Mal gereinigt,
So soll'n wir uns're *Schuld bekennen*
Und auch die Sünden klar benennen.

Nur durch Wasser ganz allein,
Tritt niemand in das Leben ein.
Entscheidend ist auch *Gottes Geist,*
Worauf die Schöpfungslehre weist:
Der Geist erst überm Wasser schwebte,
Eh Leben sich auf Erden regte.
Der Geist, so lehrt die Bibel weiter,
Wird so des Menschen Wegbegleiter.
So sagt auch Jesus später dann,
Wie Neugeburt erfolgen kann.

Gott sprach: „Dies ist *Mein lieber Sohn.*"
Man staunte nur, noch gab's kein Hohn.

Gleich sah der *Satan* die Gefahr,
Weil er doch Weltenherrscher war.
Er sprach zu Jesus in der Wüste,
Ob Er als Gottessohn nicht wüsste,
Aus Steinen Brot sich zu bereiten,
Von Tempels Zinnen auch zu gleiten,
Zu stoßen nicht an einen Stein,
Von Engeln doch getragen sein.

„Wenn Du nur vor mir niederfällst,
So geb ich Dir die *ganze Welt.*"
Doch Jesus sagte immerdar:
„Nur Gottes Wort ist rein und wahr."
Da wich der Satan schnell von Ihm,
Und Engel gaben sich Ihm hin.

Es schlossen sich Ihm Jünger an.
Der *Petrus* war da so ein Mann:
Er hörte mit dem Fischen auf
Und änderte sein Lebenslauf.

Als Jesus sah die große Not:
An erster Stelle steht der Tod,
Dann Hunger, Krankheit und die Sorgen,
Da sagte Er, ihr seid *geborgen.*
Er heilte und macht Menschen satt,
So zog Er hin, durch Dorf und Stadt.

Er sprach, dass *Gottes Reich* jetzt komme.
Er war das Licht wie eine Sonne.
Der Weg zu Gott sei nur Vertrau'n –
Die Priester hörten dies mit Grau'n.
Wo bliebe dann das Alt-Gesetz,
Was jeder Heide stets verletzt?
Wo bleibt die Selbstgerechtigkeit,
Die sich erkauft die Ewigkeit?

Doch Jesus lehrt uns *selig Leben,*
Wenn wir in Demut andern geben
Und lieben Gott mit allen Sinnen,
Dann wird das Leben nicht verrinnen.
Gott will sich gern mit uns versöhnen
Und alle Lasten von uns nehmen,
Wenn wir die Last des Nächsten tragen
Und nicht nach Schuld und Fehlern fragen.

Zu Kana, bei dem Hochzeitsfest,
Ward ausgeleert des Weines Rest.
Die Mutter Jesus still vertraute,
Weil ganz auf Seine Lieb sie baute,
Damit von frischem, neuen Wein
Man schenken könnte reichlich ein.

Geschlossen ward ein *Ehebund,*
So gab sie auch dem Mundschenk kund:
„Tut nur, was Jesus euch befiehlt!"
Was sie erwartet, Jesus hielt.

Denn Wein aus Wasser Jesus machte,
Genau das, was Maria dachte.
Der Wein das Fest nicht nur verschönte,
Er diesen Bund auch damit *krönte.*

Einst sprach ein römisch Offizier,
Du musst nicht gehn durch meine Tür,
Damit mein Knecht nun rasch gesunde,
Es reicht ein Wort aus Deinem Munde.
Und Jesus sprach das Wort dann aus,
Der Knecht *gesundete* im Haus.

Ein andres Mal im Orte Nain,
Als Jesus kam zum Dorf herein,
Da weinte eine Witwe sehr,
Der Tod des Sohnes traf sie schwer.
Doch Jesus schenkt ihm *neues Leben,*
Ja, Leben, das will Jesus geben.

Auch sah Er einen blinden Mann,
Von Kind auf der nicht sehen kann.
Er schenkte ihm das Augenlicht,
Weil der so gar nicht von ihm wich.

Ein anderer war steif und lahm,
So trug man ihn zu Jesus ran.
Doch Jesus ging darauf nicht ein
Und sprach in Volkes Meng' hinein:
„Die Sünde will Ich dir *vergeben!*"
Das macht die Frommen sehr verlegen.
Sie fragten sich sogar erbost:
„Was ist mit diesem Jesus los?
Nur Gott kann Sünden uns erlassen."
Und fingen an, Ihn stark zu hassen.
Doch was ist schwerer, als zu sagen:
„Steh auf und tu dein Bette tragen!"
So heilte Jesus diesen Mann,
Der nunmehr richtig laufen kann.

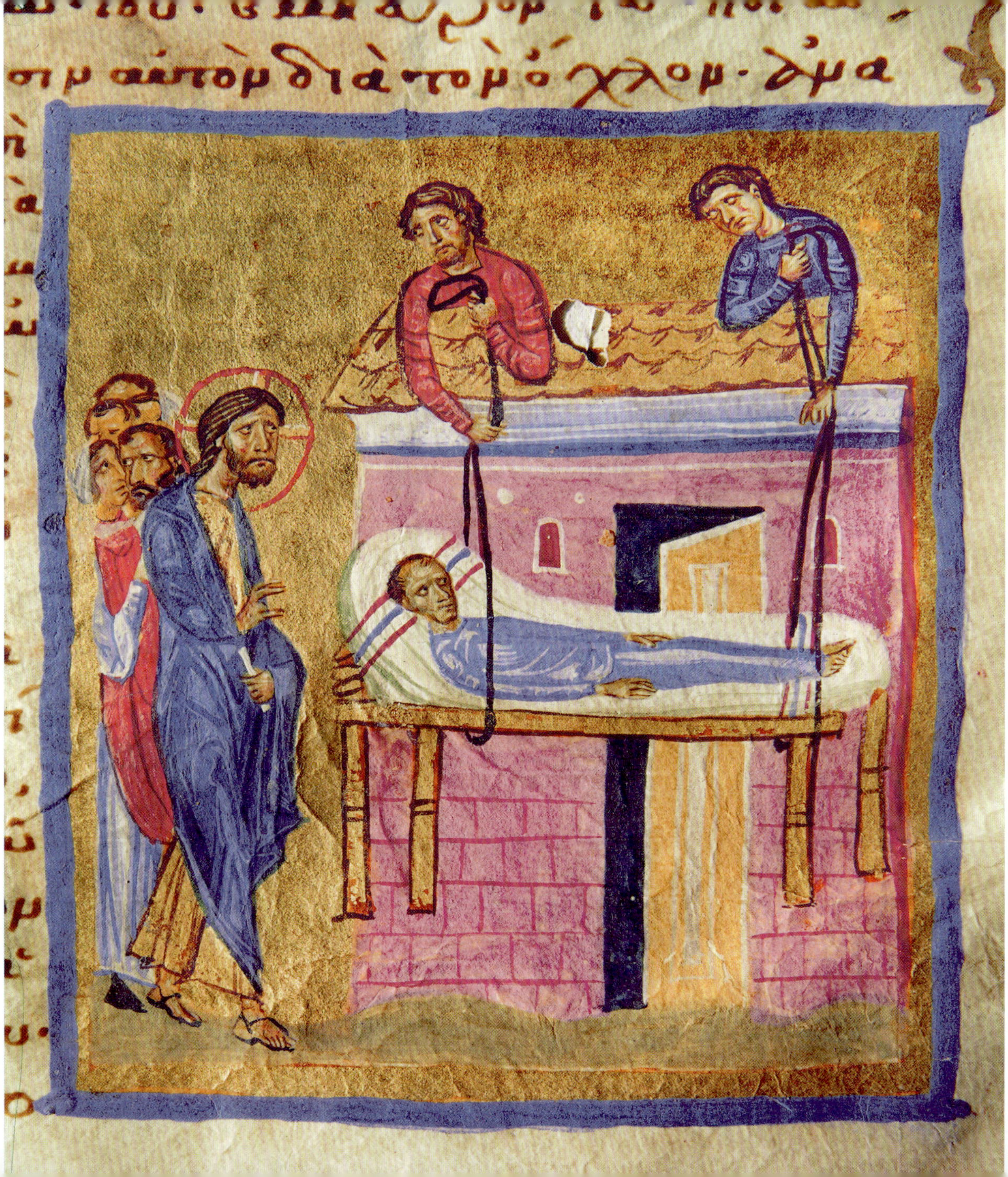
σιν αὐτὸν διὰ τὸν ὄχλον· ἀμα

Ein anderer besessen war,
Ein *böser Geist* ihn schüttelt gar.
Und Jesus sprach ein Wort mit Macht,
Die Heilung war sofort vollbracht.

Ein andrer trieb die Steuern ein,
Und legte stets für sich hinein,
In eigne Tasche den *Profit* –
Man unter solchen Leuten litt.
Doch Jesus lud Sich bei ihm ein:
„Bei dir zu Gast will Ich heut' sein."
Und tief *bereute* dieser Mann,
Er gab zurück, was er gewann.

Als seine Jünger in dem Boot
Durch *Sturm* gerieten schwer in Not,
Gebot dem Wind Er und den Wellen,
Es solle sich jetzt Ruh' einstellen.

Auch Tausende mit Brot Er speiste,
Als predigend durchs Land Er reiste.
Von weit her waren sie gekommen
Und *hungrig* Seine Wort' vernommen.
Woher nur nehmen wir die Speise
Für so viel Volk nach weiter Reise?

Fünf Brote gab's nur und zwei Fische,
Doch Jesus bat sie all zu Tische:
„Teilt Brot und Fisch an alle aus,
Was übrig bleibt, nehmt mit nach Haus."
So wurden alle Leute satt
Und wollten Ihn an Königsstatt.
Doch Jesus wich von ihnen fort
An einen stillen, einsam Ort.

Er selbst ist doch das *Brot zum Leben.*
Er selbst will Sich uns ganz hingeben.

Undenkbar war zu jener Zeit,
Sich forsch zu nähern einem Weib,
Dass man sich fragend an sie wende,
Vor allem, wenn sie eine Fremde.
Doch Jesus frug ganz unverhohlen,
Ob sie nicht könne Wasser holen,
Und sagte ihr dann auf der Stelle,
Er selber sei des *Lebens Quelle.*

Auch sprach Er aus, was sie privat
An schlechten Dingen alles tat.
Sofort sah sie in Ihm den Herrn,
Auf den auch ihr Volk wartet gern.
Und Jesus sagte ihr ganz frei:
„Es ist doch gänzlich einerlei,
An welchem Ort ihr beten wollt,
Wenn ihr nur *Gott die Ehre* zollt.

Und betet stets in *Gottes Geist,*
Dass Er auch euch die Wahrheit weist."
So wurde Jesus auch bekannt
Im heidnisch Samariterland.

Die *Schriftgelehrten* und die Frommen
Erschraken, als sie dies vernommen.
Sie wollten Ihn in Fallen locken,
Er sollte tief im Kerker hocken.
Am liebsten würden sie Ihn *töten,*
Sie waren durch Ihn arg in Nöten,
Weil Jesus half und heilte viel.
Er hatte nur das eine Ziel,
Den Bruch von Gott und Mensch zu heilen,
Deshalb tat Er auf Erden weilen.

Speziell am See *Genezareth*
Da wirkte Er von früh bis spät.
Selbst an dem heilgen Sabbattage
Tat Gutes Er ohn' jede Frage.

Jedoch die fromme Priesterschaft,
Sie leugnet Seine göttlich Kraft.
Sie klagten Ihn der Sünde an,
Obwohl Er Gutes nur getan.

So auch mit dem Freund *Lazarus*,
Den Er vom Tod erwecken muss,
Denn jener lag schon in dem Grab.
Der Herr rief in die Grub hinab:
„Steh auf und lebe mit uns weiter,
Ich bin der wahre Wegbereiter,
Ich bin die Wahrheit und das Leben,
Ich schenke euch den wahren Segen.

Durch Mich nur kommet ihr zu Gott,
Er euch durch Mich die Brücke bot."

Dies Wunder wurde schnell bekannt,
Doch ward Er nicht als Gott erkannt
Von Priestern und von Schriftgelehrten,
Die Ihm den Anspruch ganz verwehrten.

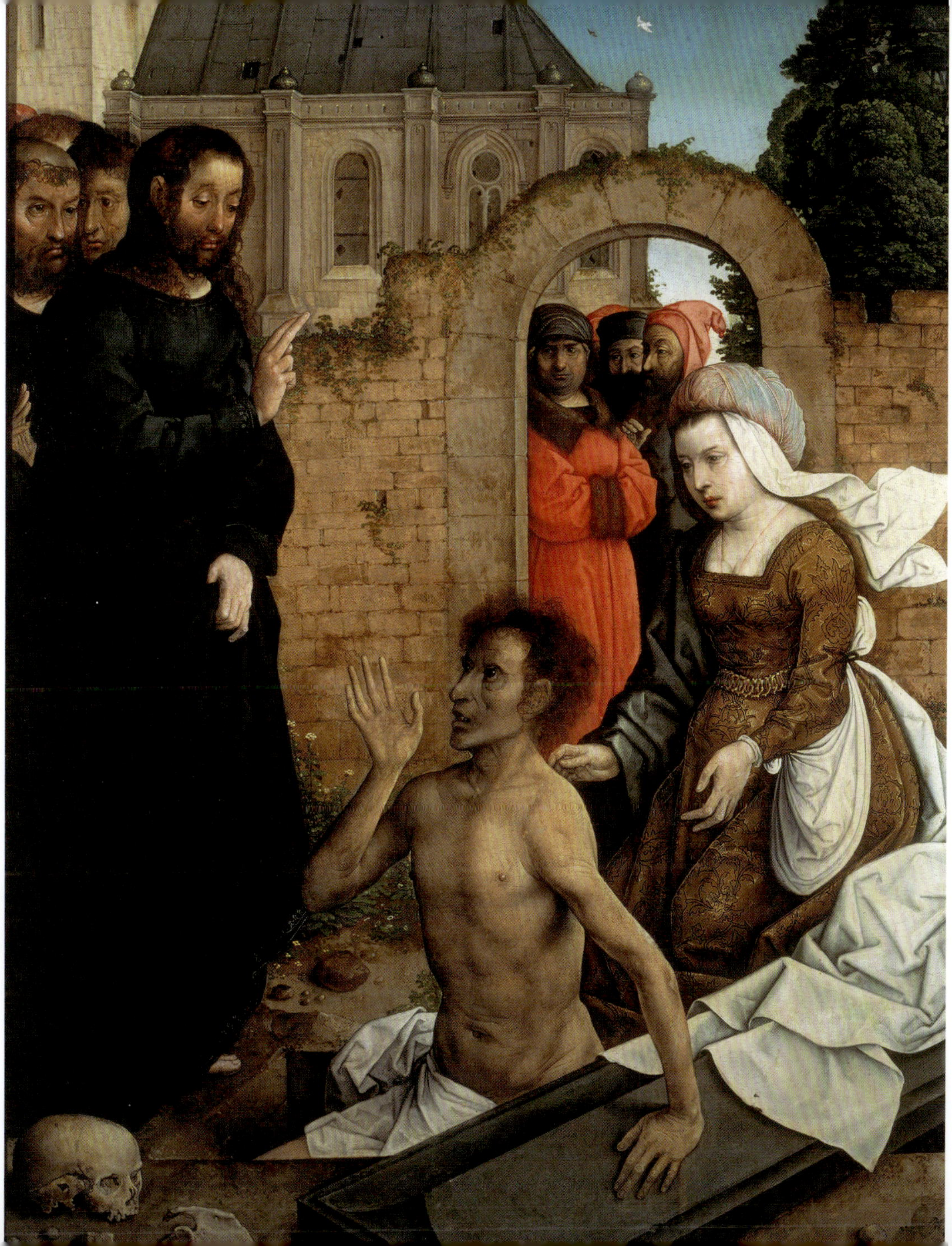

Das einfach Volk Ihn froh umfängt,
Sich *Segen suchend* um Ihn drängt.
Sie freuten sich, Ihn nah zu sehn
Beim Einzug in *Jerusalem.*

Wer Ihm vertraut ganz wie ein Kind,
Sehr schnell das Reich von Jesus find't.
Nur Menschen, die sich edel halten,
Ertragen nicht das göttlich Walten.

So fassten sie dann den *Beschluss,*
Dass dieser Jesus sterben muss.
Der Prokurator sollte richten
Und keinesfalls den Streit nur schlichten.
Am besten wär' ein *schlimmer Tod,*
Das würd' gefallen ihrem Gott.

Doch Gott hat andere Gedanken,
Er ist die Liebe ohne Schranken.
Er will die Menschen Sich versöhnen,
Auch wenn sie Ihn dafür verhöhnen.
So hegten sie selbst Mordgedanken,
Doch Jesus tat dem Vater danken,
Auch wenn verzweifelt er ihn bat,
Dass nicht vollbracht wird *diese Tat.*

Das Leid, durch Menschenhand gemacht,
Hat Jesus diese Qual gebracht.
Er trug sein *Leiden* ganz allein
Und teilt somit auch unsre Pein.
Dies *Opfer* wollt' Er für uns geben,
Er schenkte dadurch vielen Leben,
Als er Sein Leben hauchte aus.
Dies sah Jesaja einst voraus.

Sie nagelten ans Kreuz den Herrn,
Und meinten Gott säh' dies sehr gern.
Pilatus schrieb jedoch ein Schild,
Das unverändert heute gilt.
Denn „Jesus ist der *Juden König*",
Er bleibt der Herr für heut' und ewig.

Gott spielt nicht aus sein große Macht,
Nie hätt' ein Mensch sich das erdacht.
Drum Menschen, die sich *klug* empfinden,
Stets andre Lehren gern verkünden,
Und kommen sich recht weise vor:
Wer andres glaubt, sei nur ein *Tor*.
Doch die Geschichte zeigt ganz klar,
Was Gott hier tat, ist wirklich wahr.

Drei Tage lag der Herr im Grab
Und sank in finstre Höll' hinab,
Doch aus dem Totenreich Er stieg
Und dies ist *Jesu großer Sieg*,
Dem Tod hat Er die Macht genommen,
Deshalb ist Er zu uns gekommen.

Bereits Jesaja sagte klar,
Gott wird als *leidend Knecht* gewahr.
So möchte Er die Menschheit retten,
Befreien von den eignen Ketten.

Die Jünger warn nicht mehr zu sehn,
Mit einem Herrscher sie gern gehn,
Sie dachten, dieser schwache Mann
Doch niemals *Gottes Sohn* sein kann.

Vergaßen auch in dieser Stund,
Dass Jesus festigte den Bund,
Als ihre Füß' Er hat *gereinigt*,
Wohlwissend, dass man Ihn bald peinigt,
Und als Er *Wein und Brot* gegeben,
Wie Er auch ließ für uns Sein Leben.

Das Sichtbare muss stets vergehen,
Sein Wort jedoch bleibt ewig stehen.
Denn Jesus will Verbundenheit
Mit uns in alle Ewigkeit.

Den Frauen tat es leid im Herzen,
Wie Jesus litt mit großen Schmerzen,
Sie deshalb auch zum Grabe kamen,
Und Jesus rief sie an mit Namen.
Er sprach sogleich: „Rühr mich nicht an",
Weil Er als Gott zu Ihnen kam.

Die Jünger glaubten erst mal nicht,
Doch bald, da sah'n auch sie das Licht.
Der *Heiland*, meinten sie, muss retten
Das Volk aus römisch Herrschaftsketten.
Doch in den Psalmen kann man lesen,
Der Sünden Ketten sind zu lösen.

Solch' *Freiheit* will uns Jesus schenken,
Wenn wir in Liebe an ihn denken.
So gibt umsonst Er ewig Leben
Den Wandelnden auf Seinen Wegen.

Nach Emmaus zwei Jünger gingen
Und traurig Jesu Tod nachhingen.
Dort trafen sie dann einen Mann,
Der ihnen sagte, wo und wann
Propheten schon berichtet haben,
Was so geschah in diesen Tagen.
Und als der Mann das Brot dann brach
In Emmaus im Gastgemach,
Erkannten sie in diesem Mann,
Dass Jesus Selbst zu ihnen kam.
Und so verstanden sie die Kunde,
Erzählten's bald der Jüngerrunde.

Und die begriffen endlich dann,
Dass Christus zu den Menschen kam
Aus Liebe zu den Menschenkindern,
Besonders zu den armen Sündern.
Das Gottesreich will Er nun bauen,
Wenn gänzlich wir nur Ihm vertrauen.

Sobald der Herr jedoch entschwunden,
Da brachen auf die alten Wunden,

Der Mensch will selbst das Heil sich bauen
Und weniger auf Gott vertrauen.
Und niemand durfte sich *bekennen*
Und Jesu Namen offen nennen.
Doch mancher dies von Herzen muss,
Drum steinigt man den *Stephanus.*
Dies freute einen Saulus sehr,
Verfolgt die Christen immer mehr.
Deshalb ritt er ins Syrerland,
Weil Christen waren dort bekannt.
Mit Eifer eilte er dort hin,
Nur Gott hatt' anderes im Sinn.

Der Herr konnt' wenden falsches Denken
Und *Saul* in wahre Bahnen lenken.

Ein grelles Licht nicht von ihm wich:
„Saul, Saul *warum verfolgst Du mich?"*
Drei Tage war er voll geblendet,
Bis er zu Jesus sich gewendet.

Als *Paulus* zog er zu den Heiden,
Er scheute weder Müh noch Leiden,
Und seine Botschaft war sehr klar:
Vertrau dem Herrn, denn das ist wahr,
Den Tod hat Jesus überwunden.
Die Tat wollt' Paulus uns bekunden.
So werden wir vor *Gott gerecht*,
Wenn wir vertrau'n, obwohl wir schlecht.

Denn Jesus ist seit dieser Zeit
Mit Seinem *Geist* für uns bereit.
Der Geist macht schon den Jüngern klar,
Dass Jesus der Messias war.
Und eines weiß man nun gewiss,
Dass Jesus heilte jenen Riss,
Den Adam einst sehr unbedacht
Mit seinem Weib verursacht hat.
Und wir sind diesem Adam gleich,
Entfernen uns von Gottes Reich
Und denken, all dies hat noch Zeit,
Und bleiben ohne Frömmigkeit.

Wer glaubt noch an den *Schöpfergott?*
Die Schrift, sie mahnt, zeigt auf die Not,
Wenn mehren wir des Satans Reich.
Wir denken Gott und Mensch sei'n gleich,
Doch wollte Er den Unterschied,
Der zwischen Menschen auch klar liegt.
Gott hat uns *niemals gleich* erdacht,
Ergänzend hat er uns gemacht.
Doch statt zu schauen auf das Du,
Das Ich wendet nur selbst sich zu.
Dies ist der *Sünde* tiefster Kern,
Von Gott sind wir dann äußerst fern,

Zerstören glatt was Leben heißt,
Der Paulus uns darauf verweist.
So unternahm er viele Reisen,
Den Weg zum Leben wollt er weisen.

Dem Sturm und *Schiffbruch* hielt er stand,
Bis auch nach Malta er noch fand.

Und wo er hinkam, wirkt er viel
In Rom war endlich er am Ziel.

Sehr schön beschrieb er wahre *Liebe*
Und wie der Mensch die *Freiheit* kriege,
Wenn er nicht sei der Sünde Knecht.
Solch *Freude* ist dann wirklich echt.
Der Glaube schafft *Gerechtigkeit*
Und nicht ein selbst gewähltes Leid.

Er schrieb dies in der Kerkerhaft,
Gott gab ihm wunderbare Kraft,
Verlieh ihm Worte stark und kräftig,
Denn Gott ist in den Schwachen mächtig.

Was wird die *Zukunft* uns nun bringen,
Wes Lied wird einst die Menschheit singen?
Uns Jesus mahnt in *sieben Schreiben*,
Dass jeder soll sich klar entscheiden.

Wir sollen einfach überwinden
Die Last von allen unsren Sünden.
Wie schlimm, wenn Gott uns ganz egal,
Wenn unser Glaube lau und schal,
Wenn hören wir auf *falsche Lehren*
Und wollen uns auch nicht bekehren,
Verhelfen dem zur vollen Macht,
Der stets das Unheil uns gebracht.
Er ist bekannt als *Antichrist*,
Der uns verführt mit sehr viel List.
Zu dem dann viele Menschen laufen,
Vermeinen, dass sie können kaufen,
Glück, Lust und Spaß, verstrickt in Sünden,
Doch Jesus lässt sich so nicht finden.
Er lädt uns ein als Seinen Gast
Befreit von Sorgen, Angst und Hast.

Wes Zeichen ist auf unsrer Stirn,
Des Geist bewegt dann Herz und Hirn.
Und tragen wir des Herren Zeichen,
Dann muss der Satan von uns weichen.

So mancher nimmt gern Jesus an,
Weil er doch starb als *Gotteslamm*,
Solch' sind für Jesus ganz gereinigt
Und ewiglich mit ihm vereinigt.

In einem Buch steht dies verborgen.
Johannes[2] kam in große Sorgen:
Wer könnte öffnen, was geschrieben,
Wer brechen auf der Siegel sieben.
Es ist der Herr als Opferlamm,
Als einzigst' Er es öffnen kann.
Und mit Symbolen zeigt Er auf
Den kommenden *Geschichtsverlauf*:

Das Elend bringen dann vier Reiter,
Mit Zornesschalen geht es weiter,
Posaunen künden das Gericht,
Der siebte Engel bringt dann Licht
Von Gottes *ewger Herrlichkeit*,
Der Gnade, die Er hält bereit.

[2] Johannes der Evangelist, der auf die Insel Patmos verbannt war und dort die Offenbarung von Jesus erhielt und aufschrieb.

Doch Satan wollte sein wie Gott,
Indem er selbst sich stolz erhob.
Ergänzt durch Tier und falsch' Prophet
Bereiten diese drei den Weg
Zu Satans Stätte Babylon.
Er fühlt als Sieger sich dann schon.

Er zeigt sich hier als drei sehr dreist
Wie Vater, Sohn und Heilger Geist.

Doch wissen wir seit ehedem,
Der Weg geht nach *Jerusalem*,
Wo Jesus litt und für uns starb.
Gott holte Ihn aus Grabessarg,
Und alles wird dann neu durch Ihn,
Weil Er in Liebe gab sich hin.

Der Teufel findet so sein Ende,
Gebunden sind dann seine Hände,
Die Bosheit muss der *Liebe* weichen.
So ist erlöst in Jesu Zeichen

Die Menschheit von dem ewig Tod.
Ein End hat Drangsal nun und Not.
Denn irgendwann kommt Jesus wieder
Auf diese schöne Erde nieder.
Dann wird er uns die *Früchte* geben
Vom wahren guten Baum fürs Leben.

soli deo gloria

Zum Schluss

Die Idee zu diesem Buch kam von Verena Raithle, unserer Tochter. Ihr damals zweijähriger Sohn war fasziniert von den Reimen, die ein wunderschönes Bilderbuch, "Hokuspokus in der Nacht", untermalten. So kamen der Wunsch und die Frage auf, ob ich nicht für mein Enkelkind ein paar Reime biblischer Geschichte verfassen könnte, denn ich hatte früher zu Weihnachten oder zu Geburtstagen manche Geschenkidee mit einem kleinen Gedicht umschrieben.

Ungefähr ein Jahr, nachdem dieser Wunsch geäußert war, hatte ich einige sehr unangenehme Dinge in meinem Ehrenamt für die Lukas-Schule München durchzustehen. Um den Ärger abzubauen, fing ich an, die versprochenen Verse zu verfassen. Das Alte Testament war in den Grundzügen fertig, da fuhren wir auf eine Studienreise nach Israel. Dort schrieb ich morgens und abends im Hotel die Geschehnisse des Neuen Testamentes in Versform auf, als ich die täglichen neuen Eindrücke verarbeitete. Im Laufe der kommenden eineinhalb Jahre vervollständigte ich den Text.

Nun waren die so entstandenen Reime eigentlich nicht für unseren noch kleinen Enkel geeignet. Aber unsere Tochter Alina Meyer, Religionslehrerin an der Lukas-Schule, las sie Kindern aus der 6. und 7. Jahrgansstufe der Realschule und des Gymnasiums vor. Die fanden das „cool", also machten wir weiter. Meine Frau Solvey meinte, es wäre passend, das Ganze mit Bildern zu illustrieren. Nach manchen gescheiterten Versuchen, einen Zeichner hierfür zu gewinnen, hatte sie letztlich die Idee, den Text mit schönen, nicht ganz so bekannten Gemälden zu veranschaulichen. Und so trugen wir Bilder aus rund 900 Jahren Kunstgeschichte, jeweils passend zum Text, zusammen. Wir hoffen, dass so manchem auf diese Weise die in der Bibel geschilderten Geschehnisse nähergebracht werden und auch das eine oder andere Bild die Herzen öffnet.

Unser Dank gilt der Lektorin Christina Brock, die mit großer Sorgfalt und Ideen den Text überarbeitet hat, ebenso Herrn Georg Lehmacher für die Gestaltung des äußeren Erscheinungsbildes, sowie Herrn Pfarrer Dr. Matthias Paul von der Lutherkirche in Mansfeld, der die vielen ausdrucksstarken Bilder aus seiner Kirche uns zur Verfügung gestellt hat.

Ingo Resch, Mai 2014

Bildnachweis

S. 5: Meister Bertram, „Die Scheidung der Wasser", „Erschaffung der Gestirne", „Erschaffung der Tiere", „Die Erschaffung Evas" (1379 - 1383), Bildrechte: bpk | Hamburger Kunsthalle | Elke Walford
S. 7: Meister Bertram, „Gottvaters Strafrede" (1379 - 1383), Bildrechte: bpk | Hamburger Kunsthalle | Elke Walford
S. 9: Meister Bertram, „Opfer Kains und Abels" (1379 - 1383), Bildrechte: bpk | Hamburger Kunsthalle | Elke Walford
S. 11: nach: Sacchi, Andrea „Mort d'Abel" (Kain erschlägt Abel; -1.Mose 4,1-12). Kupferstich von Frederic Horthemels (um 1680/88-1738), Bildrechte: akg-images
S. 13: Bassano, Jacopo, „Einzug der Tiere in die Arche". um 1510/18 - 1592, Bildrechte: akg-images / Erich Lessing
S. 15: Franz Frank, „Der Bau des Turms von Babel" (um 1760), Bildrechte: bpk / Alfredo Dagli Orti
S: 17: Jozsef Molnarm, „Abrahams Aufbruch" (1850), Bildrechte: bpk / Alfredo Dagli Orti
S. 19: Guercino, „Abraham verstößt Hagar und Ismael", (1657) Bildrechte: bpk | Scala
S. 21: Matthias Stom [um 1600 - um 1650], „Esau verkauft sein Erstgeburtsrecht", Bildrechte: bpk / Gemäldegalerie, SMB / Jörg P. Anders
S. 23: Doré, Gustave, „Jakobs Kampf mit dem Engel" (1.Mose 32, 24). Holzstich nach Zeichnung von Gustave Doré; spätere Kolorierung,1865, Bildrechte: akg-images
S. 25: Raffael, „Joseph deutet die Träume des Pharao" (1.Mose, 41,29-30), Fresko, um 1515/18, Bildrechte: akg-images
S. 27: L.Alma-Tadema, 1836 -1912, „Joseph, Aufseher der Kornkammern des Pharao", Bildrechte: akg-images
S. 29: Bray (Braij), Salomon de, „Joseph empfängt seinen Vater und seine Brüder in Ägypten", 1655, Bildrechte: akg-images
S. 31: Poussin, Nicolas, „Mose sauvé des eaux" („Die Auffindung des Mosesknaben", 1638, Bildrechte: akg-images / Erich Lessing
S: 33: Chagall, Marc, gouache, aquarelle, 1931, Bildrechte: bpk | RMN - Grand Palais | GÇrard Blot
S. 35: Francken, Frans II. „Die Israeliten nach dem Durchzug durch das Rote Meer", um 1620, Bildrechte: akg-images
S. 37: Grebber, Pieter de, „Mose schlägt Wasser aus dem Felsen", um 1630. (4. Mose 20,1–13), Bildrechte: akg-images
S. 39: Poussin, Nicolas, „Der Tanz um das Goldene Kalb", um 1633/34, Bildrechte: London/akg
S. 41: John Rogers Herbert, „Moses mit den Gesetzestafeln" (1866/67), Bildreche: bpk | Hamburger Kunsthalle | Elke Walford
S. 43: Kügelgen, Gerhard, „Saul und David", 1807, Bildrechte: akg-images
S. 45: „Goliath tué par David", 1700. (David und Goliath; – 1. Samuel 17), Kupferstich nach Zeichnung von Ottmar Elliger d. J. (1666–1735), Bildrechte: akg-images
S. 47: Leighton, Frederic, „Jezebel and Ahab (..) met at the entrance Elija the Thishite. Hast thou killed, and also taken possession?", 1862/63. (Elia verkündet Isebel und Ahab die Strafe Gottes für die Steinigung Naboths; - 1.Könige 21,15-29). Bildrechte: akg-images
S. 49: Rembrandt, „Der Prophet Elia am Bache Crith" (um 1655), Bildrechte: bpk / Kupferstichkabinett, SMB / Jörg P. Anders

S. 51: Gustave Doré, „Nehemiah Views The Ruins of Jerusalem's Walls" (1866) Bildrechte: Wikimedia Commons
S. 53: Koch, Josef Anton, 1810, Dankopfer Noahs, Bildrechte akg-images
S. 55: Unbekannter Künstler, „Zehn-Gebote-Tafel", Bildrechte: akg-images
S. 57: Antonio da Correggio, „Die heilige Nacht", (um 1530), Gemäldegalerie Staatliche Kunstsammlung Dresden
S. 59: Philipp Otto Runge, „Ruhe auf der Flucht", (um 1799/1800), Bildrechte: bpk | Bayerische Staatsgemäldesammlungen
S: 61: aus der Stadtkriche St. Georg Mansfeld-Lutherstadt, alle Bilder zwischen 1617 und 1630, Bildrechte Kirchengemeinde Mansfeld. Bei den folgenden Bildern nur „Mansfeld" genannt. Name von dem oder den Künstlern ist nicht bekannt. Alle Bilder auf Holz gemalt.
S. 63: Kramskoi, Iwan Nikolajewitsch, „Christus in der Wüste", 1872, Bildrechte: akg-images
S. 65: Lorenzo Veneziano, „Die Berufung des Petrus und Andreas" (14. Jh.), Bildrechte: bpk / Gemäldegalerie, SMB / Jörg P. Anders
S. 67: Mansfeld
S. 69: Tiepolo, Giovanni Domenico, „Christus und der Hauptmann von Kapernaum", um 1775/80, Bildrechte: akg-images
S. 71: Byzantinische Buchmalerei, 1175, Heilung des Gichtbrüchigen, Kloster Iveron Berg Athos, Bildrechte: akg-images / Erich Lessing
S. 73: Mansfeld
S. 75: Juan de Flandes, „Die Speisung der Viertausend", um 1500 (Markus 8,1-9), Bildrechte: akg-images
S. 77: Mansfeld
S. 79: Mansfeld
S. 81: Juan de Flandes um 1460 - 1519, „Die Auferweckung des Lazarus", Bildrechte: akg-images
S. 83: Kirche Agios Nikolaos Tis Stegis, Zypern, Fresko, Einzug nach Jerusalem, unbekannter Künstler, 11. Jahrhundert/S. Resch
S. 85: Mansfeld
S. 87: Werestschagin, Wassili Wassiljewitsch, „Nacht über Golgatha", 1869, Bildrechte: akg-images
S. 89: Eugène Burnand, „Die Jünger Petrus und Johannes laufen am Morgen nach der Auferstehung zum Grabe" (1898), Bildrechte: bpk | RMN - Grand Palais | Hervé Lewandowski
S. 91: Willem Drost [1633 - 1658], „Christus erscheint Maria Magdalena als Gärtner („Noli me tangere")", Bildrechte: bpk | Museumslandschaft Hessen Kassel
S. 93: Uhde, Fritz von, „Gang nach Emmaus", um 1897, Bildrechte: akg-images
S. 95: Mansfeld
S. 97: Mansfeld
S. 99: Backhuysen, Ludolf, „Der Schiffbruch des Apostels Paulus vor Maltaî", um 1690/1700, Bildrechte: akg-images
S. 101: Rembrandt, Harmensz van Rijn., „Paulus im Gefängnis", 1627, Bildrechte: akg-images / André Held
S. 103: Veronese, Paolo, „Christus im Emmaus", Bildrechte: akg-images / Rabatti - Domingie
S. 105: Burgkmair, Hans d.ƒ., „Johannes der Evangelist auf Patmos", 1518, Bildrechte: akg-images
S. 107: Memling, Hans, „Johannes auf Patmos", um 1475/79, Bildrechte: akg-images / Erich Lessing
S. 109: Schreibende Frau, Pompeji, 70, v.Chr., Nationalmuseum Neapel/S. Resch